Marietta Rohner

Trauern heisst lieben

Das Buch

Mitten im Leben – und die grosse Liebe stirbt. Wie weiterleben mit dem Schmerz, dem Verlust und auch mit der Wut, als ihr Mann stirbt, ihr Begleiter, ihr Gesprächspartner, ihr Freund? Trauern heisst lieben, das ist die Erkenntnis der Autorin durch das erste schwere Jahr nach dem Tod ihres Mannes und durch die allmählich leichter werdende Zeit danach.

Marietta Rohner schildert in eindrücklichen, fast poetischen Texten Momente ihrer Trauerzeit. Sie schreibt von dem, was weh tut, und von dem, was hilft. In eindrücklichen, fast poetischen Texten erzählt sie von Schmerz und Wut, von Verwandlung und von Hoffnung. Diese 2. Auflage ist erweitert um ein aktuelles Nachwort, zehn Jahre nach dem Tod ihres Partners. Ein Buch voll sprachlicher Leichtigkeit und inhaltlicher Tiefe – Texte für Trauernde, die helfen und trösten.

Die Autorin

Marietta Rohner studierte Kunstgeschichte, Literaturwissenschaft und Linguistik und arbeitete längere Zeit als Ausbilderin. Nach dem Krebstod ihres Mannes rückte sie die Kunst ins Zentrum ihrer Berufstätigkeit. Heute arbeitet sie als freie Kunstvermittlerin, Referentin und Autorin. Zudem engagiert sie sich in der Thematik der Sterbe- und Trauerbegleitung. Marietta Rohner lebt in Zürich.

Marietta Rohner

Trauern heisst lieben

Texte von Abschied,
Schmerz und Hoffnung

Bibliografische Information der Deutschen Nationalbibliothek:
Die Deutsche Nationalbibliothek verzeichnet diese Publikation
in der Deutschen Nationalbibliografie, detaillierte bibliografische
Daten sind im Internet über http://dnb.dnb.de abrufbar.

Umschlagsgestaltung: Hansruedi Hitz und Marietta Rohner
Foto: © Hansruedi Hitz

2., erweiterte Auflage bei BoD, Norderstedt, 2014
Zuerst erschienen im Verlag Herder GmbH,
Freiburg im Breisgau, 2008

Herstellung und Verlag:
BoD – Books on Demand, Norderstedt
www.bod.ch

ISBN 9-783734-732539

Inhalt

Einleitung

Mit 45 Jahren verlor ich meinen Mann. Er war die Liebe meines Lebens. Doch er erkrankte an Krebs und erlag der Krankheit nach fünf Jahren. Umso größer war die Lücke, die er hinterliess, umso tiefer mein Schmerz, als er starb.

Dieses Buch zu schreiben half mir, die Zeit nach seinem Tod auszuhalten, ja zu überleben. Es sind kurze Texte aus dem ersten Trauerjahr und darüber hinaus. Schreibend versuchte ich das, was mir geschah, zu begreifen. Die eigenen Texte sowie eine Auswahl zitierter Gedichte widerspiegeln das eigentlich Unsagbare. Sie öffnen den Blick aber auch auf das, was mich durch diese Zeit trug, was mich nährte und mir Kraft gab. Heute weiss ich, dass es keinen Weg um die Trauer herum gibt. Erst dann können wir uns wieder ganz dem Leben zuzuwenden.

Die erste Auflage dieses Buches erschien 2008, drei Jahre nach dem Tod meines Mannes, beim Herder Verlag. Ich erhielt zahlreiche Zuschriften von Leserinnen und Lesern, die darin ihre eigenen Erfahrungen widerspiegelt sahen: *In Ihren Zeilen sehe ich meine Not, meine Ängste, meine Wut, meine Trauer, meine Dankbarkeit, meine Verzweiflung. Danke, dass Sie Ihre Trauer mit all ihren Facetten teilen. Ihr Buch ist für mich ein Anker, ein Sonnenschein, ein Wegweiser.*

Da das Buch vergriffen war, entschied ich mich für eine Neuauflage. Die Inhalte blieben dieselben, erweitert um ein aktuelles Nachwort aus einem grösseren Zeitabstand. Ich wünsche mir, dass das Buch anderen, die um einen geliebten Menschen trauern, Trost und Anregung sein möge, und vor allem: dass es Mut macht, den ganz persönlichen Weg der Trauer und Wandlung zu gehen.

Marietta Rohner

Der Tod

Leben gleicht einem Boot,
das gerade ausläuft
und schon sinkt.

UNBEKANNTER VERFASSER

Einige Zeit vor Peters Tod besuche ich eine Ausstellung mit Werken von Wolfgang Laib, einem Künstler, der sich mit existenziellen Fragen beschäftigt und mit Blütenstaub, Stein und Bienenwachs Installationen von großer Kraft und Schönheit schafft. Die aktuelle Präsentation umfasst zwei riesige Räume. Ich bin die einzige Besucherin, und es herrscht eine ruhige, meditative Stimmung. Die Sinneseindrücke sind überwältigend.

Als erstes rieche ich Bienenwachs. Hoch über mir erstreckt sich bis zur Fensterfront hin eine mehrere Meter lange, schmale, raumhohe Holzkonstruktion aus Dachlatten. Auf diesem Gestell lagern auf zwei Ebenen hintereinander sechs oder sieben massive Gebilde in Bootsform. Diese hoch über dem Boden lagernden Objekte sind aus Bienenwachs gegossen und müssen Hunderte von Kilos schwer sein; daher der intensive Duft, der den ganzen Raum erfüllt. Die Boote über mir entwickeln einen Sog und initiieren eine Bewegung von hier nach anderswo. Die Bewegung vollzieht sich hoch über meinem Kopf, nicht in derselben Ebene, in der ich mich befinde. Ich stehe unten und bin Zuschauerin bei dieser gleichsam über-irdischen Bootprozession.

Mir schießen die Tränen in die Augen ob der unmittelbar sich entschlüsselnden Botschaft, und der Werktitel stützt meine Lesart: *You Will Go Somewhere Else**, Du wirst woanders hingehen. Das Werk sagt etwas Wesentliches über den Tod aus. Der Tod ist nicht das Ende. Unser Wesenskern setzt über nach Anderswo, hier symbolisch dargestellt in Bienenwachsbooten. Ein schönes und befreiendes Bild.

Peter ist auf Geschäftsreise in Chicago. Aus Sentimentalität höre ich seine Lieblings-Countrysendung, und eine Welle von Abschiedsschmerz überkommt mich. Wie wäre das auszuhalten, wenn sein Rasierzeug nicht mehr im Bad wäre und all seine Sachen fort, wenn seine wunderschönen Liebeszettelchen nicht mehr wären und er selber eine dauernde Lücke hinterließe? Diese Verbundenheit zwischen uns, eine tiefe Liebe und Vertrautheit: mein Glück.

Es geht ihm nicht gut. Seit fast fünf Jahren lebt er nun mit Lungenkrebs. Obschon im Alltag auch Leichtigkeit und Freude da sind, nimmt meine Angst zu. Ich muss ihr etwas entgegensetzen, muss mehr wissen über Sterben und Tod, muss mich diesem Tabu stellen. Als ich in der Zeitung eine Ausschreibung zu einem Kurs in Sterbebegleitung sehe, melde ich mich an, und gleich zu Beginn werden wir mit der Vorstellung von unserem eigenen Tod konfrontiert – dies aufgrund der Erkenntnis, dass wir jemanden nur dann gut begleiten können, wenn wir uns der eigenen Sterblichkeit bewusst sind. Der Kursleiter bereitet uns auf eine Sterbemeditation vor. Wir legen uns auf den Boden und werden durch seine Anweisungen in eine Trance geführt. In der halben Stunde, die das Ganze dauert, erlebe ich Erstaunliches.

Ich liege auf dem Sterbebett. Beim Zurückblicken auf mein Leben steigt ein Bild aus der Kindheit in mir auf. In meinem Heimatdorf findet eine Versteigerung statt. Der Besitz von zwei alten Jungfern, die gemeinsam ein Restaurant geführt hatten, steht zum Verkauf. Auf den Tischen im Freien stapeln sich Berge von Hausrat. Bettwäsche fällt mir ins Auge, Leintücher von bester Qualität, handbestickt mit Monogrammen, dutzendweise. Reichtümer für die damalige Zeit. Die Aussteuer der Frauen, nie benutzt, sondern aufgehoben für ‚später‘. Nun ist es zu spät.

Das Bild trifft mich im Innersten. Statt zu warten und allzu sehr abzuwägen ins volle Leben greifen, mit beiden Händen geben und nehmen: Das ist die Botschaft an mich, und sie passt gut. Ich habe so viele Talente, und ich nutzte sie bisher nur verhalten. Die gezogene Handbremse, die Angst vor Fehlern, die Reserven im Depot, das Licht unter dem Scheffel – Schluss damit! Diese intensive Erfahrung fordert mich geradezu auf, das Leben in seiner ganzen Fülle zu leben, bevor es zu spät ist. Denn die Reue wäre groß.

Ein kurzer Spitalaufenthalt, einmal mehr. *Ein Routineeingriff, um wieder besser atmen zu können*, sagte Peter. Den meisten sagte er gar nichts davon. Ich hatte das Bedürfnis, bei ihm zu bleiben, und er war froh um mein Dasein, während er zu den ambulanten Behandlungen meist allein gegangen war, da er sich gut betreut fühlte. Der Eingriff schien erfolgreich, doch nach vier Tagen verschlechterte sich sein Zustand rapide. Am fünften Tag Atemnot, Sauerstoff, Schmerzen, Morphine, ein Auf und Ab von Anspannung und Entspannung. Ich rief vom Spital aus die nächsten Verwandten an, um ihnen seinen Zustand mitzuteilen. Der Tod kam schnell. Ein ‚guter' Tod: Kann man das von außen überhaupt sagen? Doch dass ich da war, empfand ich als Geschenk. Ebenso, dass ich das eintretende Pflegepersonal in großer Ruhe wieder hinausschicken konnte, um noch in Stille mit ihm sein zu können. Danach ließ ich mich nach Hause fahren. Sein weniges Gepäck nahm ich mit.

Dass ich in deiner Todesstunde bei dir sein durfte, versöhnt mich mit Momenten, wo du mir gegenüber verschlossen bliebst. Du hast deine Krankheit so stoisch ertragen und deinen Schmerz nur schwer mitteilen können. Dich begleiten zu dürfen in deinen letzten Stunden, dir nahe zu sein auf dem Weg, vor dem du dich am meisten gefürchtet hast, dafür empfinde ich große Dankbarkeit. Es erleichtert mir das endgültige Abschiednehmen von dir. Der Tod ist für mich ein Bekannter geworden.

Peter, der ein Leben nach dem Tod anzweifelte, was ihn manchmal fast verzweifeln ließ, hatte keine Wünsche geäußert für seinen Abschied; er hatte gar nicht sterben wollen. Was nun? Welche Bestattungsart, welche Zeremonie, welcher Ort, welcher Priester (wenn überhaupt)? Zudem trieb mich die Frage um, wie es ihm wohl ging auf seiner letzten Reise, vor der ihm so gegraut hatte. Dann, als ich das Radio einschaltete, hörte ich folgendes Lied, und es war, als ob er mir antwortete.

I can see clearly now the rain has gone

I can see clearly now the rain has gone
I can see all obstacles in my way
Gone are the dark clouds that held me blind
It's gonna be a bright, bright sunshiny day
It's gonna be a bright, bright sunshiny day
I think I can make it now the pain has gone
And all of the bad feelings have disappeared
Here is the rainbow I've been praying for
It's gonna be a bright, bright sunshiny day
Look all around, there's nothing but blue skies
Look straight ahead nothing but blue skies
I think I can make it now the pain has gone
And all of the bad feelings have disappeared
I can see clearly now the rain has gone
It's gonna be a bright, bright sunshiny day
It's gonna be a bright, bright sunshiny day
It's gonna be a bright, bright sunshiny day

HOTHOUSE FLOWERS*

Danach fielen die Puzzleteile zur Abschiedsfeier wie von selbst an den rechten Platz.

Seinen körperlichen Verfall hatte ich schon während der Krankheit in erschreckender Klarheit miterlebt. Am Ende war er nur noch ein Schatten dessen, was er fünf Jahre zuvor gewesen war. Und diese Transformation ging nach seinem Tod weiter. Am ersten Tag wirkte sein aufgebahrter Körper ruhig und entspannt, sein Gesicht gelöst. Am zweiten Tag hatte er noch immer etwas Entspanntes. Am dritten Tag war etwas anders: Dieser Körper war mir fremd. Er wirkte entrückt und unbeseelt.

Die Kremation verwandelte ihn endgültig. Die Bestattung, bei der seine Asche aus der offenen Urne direkt in den Waldboden rieselte, zeigte es schonungslos: Da war kein Körper mehr, zu dem ich hätte zurückkommen können. Aber auch kein Körper mehr, der an Schmerzen und Enge erinnerte. Stattdessen Staub zu Staub, Erde zu Erde. *Dem Baum zu Diensten, der neuen Sauerstoff produziert*, wie der Priester bei der Abschiedszeremonie sagte. Könnte ein Langstreckenläufer, der an Lungenkrebs starb, besser gebettet sein?

Peter hatte Ordnung geschaffen vor seinem Tod. Erst im Nachhinein realisierte ich, mit welcher Konsequenz er das getan hatte. Er hatte sein Büro geräumt und die Akten übergeben. Er hatte seine Mutter besucht und seine erwachsene Tochter mit Freund zum Essen eingeladen. Er hatte mit seinem Sohn ein letztes Wochenende verbracht und war mit mir am Valentinstag ins Tessin gefahren. Und er hatte sich bei der Rentenversicherung erkundigt, wie es mir ergehen würde im Falle seines Todes zum aktuellen Zeitpunkt. Diese E-Mail kam mir Tage später in die Hände; da war ich bereits mit Fragen zu seiner Bestattung beschäftigt.

Er hatte Ordnung geschaffen, dort, wo er es konnte. Mir war es überlassen, seine Beisetzung zu organisieren. Ich spürte etwas von seiner grundsätzlichen Weigerung, sich damit zu befassen, was nach seinem Tod mit ihm geschehen würde. Das gab er in andere Hände.

Dass die letzten Stunden des Übergangs in den Tod wichtig sind, darin sind sich alle Sterbeforschenden und alle Religionen einig. Hier geschieht Wesentliches, das uns Außenstehenden verborgen bleibt.

Einige Zeit nach Peters Tod tauchen Unsicherheit und Schuldgefühle auf: Hast du ihn auch gut begleitet, im Leben und im Sterben? Hast du das Richtige getan? Hättest du mehr tun können? Weshalb kamst du nicht selber auf die Idee, bei der letzten Waschung dabei zu sein, nachdem es das Pflegepersonal nicht anbot? Wenn ich einen Wunsch frei hätte, wäre es eine Antwort auf meine Fragen, auch deshalb, weil Peter nicht an ein Leben nach dem Tod glaubte und mich seine existenziellen Zweifel sehr schmerzten. Zudem beschämt mich die irrationale Angst, dass nur jene weiterleben, die auch an ein Weiterleben glauben.

(…) Bevor wir geboren wurden, hatten wir kein Gefühl; wir waren eins mit dem Universum. (…) Nachdem wir durch die Geburt von diesem Einssein getrennt sind, wie das herabfallende Wasser durch Wind und Felsen vom Wasserfall getrennt ist, haben wir Gefühle. Ihr habt Schwierigkeiten, weil ihr Gefühle habt. (…) Wenn ihr nicht erkennt, dass ihr eins seid mit dem Strom oder mit dem Universum, habt ihr Angst. Doch ob es in Tropfen zerfällt oder nicht, Wasser ist Wasser. Unser Leben und Tod sind dasselbe. Wenn wir diese Tatsache erkennen, haben wir keine Angst mehr vor dem Tod und keine wirkliche Schwierigkeit in unserem Leben.

Wenn das Wasser zu seinem ursprünglichen Einssein mit dem Fluss zurückkehrt, hat es kein individuelles Empfinden mehr. Es nimmt seine eigene Natur wieder an und findet Ruhe und Gelassenheit. Wie froh muss das Wasser sein, wenn es in den ursprünglichen Fluss zurückgekehrt ist! (…)

Jetzt haben wir Angst vor dem Tod, aber wenn wir unsere wahre, ursprüngliche Natur wiedererlangt haben, ist Nirvana da. Deshalb sagen wir: „Nirvana erlangen heißt dahingehen." „Dahingehen" ist kein wirklich angemessener Ausdruck. Vielleicht sollte man besser sagen „hinübergehen" oder „weitergehen" oder „sich vereinigen". Wollt ihr nicht versuchen, einen besseren Ausdruck für den Tod zu finden? Wenn ihr ihn findet, werdet ihr ein ganz neues Verständnis eures Lebens haben. (…)

SHUNRYU SUZUKI

… bis dass der Tod euch scheide. Die Ehe ist mit dem Tod des Partners aufgelöst. Ja. Der Priester formuliert im Gespräch mir gegenüber den Satz, an den ich mich zu gewöhnen habe. Ich nehme den Ring vom Finger und lege ihn zu seinem ins samtbeschlagene Holzkästchen.

Die Lücke am Ringfinger lassen.

Nach der Beisetzung und den vielen Dingen, die zu organisieren waren, fahre ich für ein Wochenende aufs Land. Der ausländische Fahrer des Hotelbusses holt mich am Bahnhof ab. Als er den traurigen Grund für meinen Kurzaufenthalt erfährt, sagt er: *Ja, hier sind wir alle nur Saisonarbeiter. Die Jahresbewilligung haben wir dann für oben.*

Was anders ist nach seinem Tod (und das sind nur ein paar äußerliche Veränderungen):

Ich war immer die Schnelle. Jetzt, wo er tot ist, bin ich unendlich langsam, und ein einziger Termin am Tag bringt mich bereits ins Strudeln.

Ich konnte gut mehrere Dinge gleichzeitig tun, Multitasking war meine Stärke. Jetzt, wo er tot ist, kann ich mich nur noch auf etwas Einziges konzentrieren. Die Dinge fallen mir aus der Hand, wenn ich mehr will, und sei es zum Geschirrspülen Radio hören.

Ich war diejenige, die Grüße erhielt, wenn sein Sohn oder seine Mutter anriefen. Jetzt, wo er tot ist, bin ich es, die die Anrufe erhält. Doch ich kann ihn nicht ersetzen. Mir fehlt er auch.

Die Entfernung
zwischen dir und mir
wächst
unaufhaltsam

so wie ein Zug
aus dem Bahnhof
fährt –
langsam zuerst
dann schneller

so wie sich zwei
an den Händen
halten
bis die Finger sich
lösen

so wie dann einer
noch winkt
ein paar Schritte
mitzulaufen versucht
stehen bleibt
sich abwendet
langsam
zurück geht
und jetzt
allein ist

GITTA DEUTSCH

Schmerz

Brich mir das Herz, Allah,
und lass mich in Tränen ausbrechen,
um Raum für die Liebe zu schaffen!

GEBET DER SUFIS

Als Peter starb, habe ich meinen Begleiter der vergangenen fünfzehn Jahre verloren

Ich habe den Menschen verloren, bei dem ich gelernt habe
wieder zu lachen
die Schönheiten des Lebens anzunehmen
Fehler einzugestehen
mich fallen zu lassen
Anderssein zu respektieren
zu verzeihen
und mich wieder zu öffnen nach Vertrauensverlust
Ich habe den Mann verloren, den zu heiraten ich den Mut hatte
Ich habe meinen besten Zuhörer verloren
meinen positiven Denker
meinen sorgfältigsten Kritiker
Ich habe meinen Liebesbriefschreiber verloren
meinen Augenstern
Ich habe meinen Fels verloren, der zu Staub wurde
Ich habe meinen besten Freund verloren
meinen Ferienbegleiter
meinen Sinnsucher
meinen Zweifler, den ungläubigen Thomas
Ich habe meinen Freudensammler verloren
meinen Suzukifahrer
den Träumer von Weltreisen, Freiheit und Sorglosigkeit
mein abendliches Gegenüber und nächtliches Nebenan
den Naturfreund, der Spinnen ins Freie trug

Ich habe meine große Liebe verloren, an der ich gewachsen bin
Ihn verloren, der wandelbar war wie niemand, den ich kannte
Ich habe meinen Diplomaten verloren
meinen Finanzexperten
meinen buddhistischen Mönch
meinen Kämpfer, der niemals aufgab
meinen leidenden Mann und meinen tiefsten Kummer
Ich habe meinen Sonnenschein auf menschlichem Antlitz
verloren
Ich habe den Menschen verloren, mit dem zusammen
ich alt werden wollte

Er ist tot

Ich hingegen lebe noch
Was für eine Zumutung

Erst allmählich erwache ich aus der Betäubung, und der Schmerz trifft mich mit aller Wucht. Jahrelang war ich besorgt gewesen um sein Wohl, dann um sein Sterben und um einen guten Abschied. Danach war ich beschäftigt mit unzähligen Formalitäten, Behördengängen, Versicherungsfragen. Jetzt erst brechen Verlust und Trauer ein.

Wie Trauer sichtbar machen? Ich bin Witwe. Ein neuer Zivilstand, den ich nicht frei gewählt habe. Man sieht es mir nicht an, vorläufig. Ich sehe aus wie andere Frauen, die mitten im Leben stehen, und doch ist alles anders. Jeder Schritt vor die Tür wird zur Hürde: Was ziehe ich an? Dunkel, wie es mir zumute ist? Hell, um das Dunkel einzudämmen? Schminke ich mich, um so normal als möglich auszusehen? Oder eher nicht, um nicht unerträgliche Aufmerksamkeit auf mich zu ziehen? Wie verhalte ich mich, wenn ich meinen Schonraum verlasse und unter Fremden bin, etwa bei Arbeitskontakten? Und was, wenn mir Bekannte begegnen, die ich lange nicht gesehen habe? Wie viel Schutz brauche ich? Wie viel Verletzlichkeit mute ich mir zu? Und wem mute ich mich mit dem Tod zu? Am liebsten würde ich mich in Nichts auflösen.

Früher trugen Trauernde Schwarz, doch das tragen heute alle. Früher trugen sie einen Trauerknopf, einen mit schwarzem Stoff bezogenen Knopf, den sie sich an die Kleidung steckten. Doch den gibt es nicht mehr. Ein solch klares Zeichen wünschte ich mir, ein Zeichen, das allgemein lesbar wäre, ein Zeichen, das meine Situation erklären würde, ohne mich selber wortreich erklären zu müssen. Ein Zeichen im Alltag, das zeigen würde: Der Tod ist zu dieser Frau gekommen, er ist gegenwärtig, hier und jetzt. Er gehört dazu, und er geht uns alle an. Doch Tod und Trauer sind im öffentlichen Raum tabu, Trauernde sind es ebenso. Und wenn mir unvermittelt die Tränen kommen, sei es beim Einkaufen, am Postschalter, im Restaurant, schauen alle weg. Ich bin allein mit meinem Schmerz, noch mehr: Schmerz und Trauer machen mich zu einer Art Aussätzigen.

Wie soll ich so das schwierigste erste Jahr überhaupt durchstehen?!

Was wehtut

Seine Schuhe vor der Tür
Seine Schuhe nicht mehr vor der Tür
Beim Spazieren Düfte riechen
Überhaupt spazieren
Kleine Hunde
Jogger
Seine Kritzeleien auf meinem Block
Seine Stimme auf dem Beantworter
Indische Kinder wie die seinen
Am Baumgrab stehen und zur Erde blicken
An ihn adressierte Werbesendungen
Ein Dutzend unerbetene Grabsteinofferten
Die schmetternde Amsel vor dem Haus
Seine Randnotizen im Spanischwörterbuch
Der Rasierschaum im Bad
Sein T-Shirt zwischen den meinen
Freundesrunden mit einem leeren Stuhl
Seine Visitenkarte in meiner Brieftasche
Orte wie Bern
Zug
Schaffhausen
Tessin
Engadin
Wien
Venedig
Prag
Chicago

Sein Lieblingssessel im Wohnzimmer
Samstags einkaufen
Sonntage
Abende
Schlafengehen
Aufstehen
Die Frage Wie geht's
Sein Name in meinem Namen
Das Feriengeld-Portemonnaie
Ein Liebeszettelchen, das aus einem Buch fällt
Ein Foto von mir in seinem Koffer
Herumliegende zerkaute Zahnstocher
Und tausend andere Dinge

Der Alltag ein einziges Minenfeld

Die Kunst, klein zu werden

Demütig
alles aus der Hand geben
und mich mitnehmen lassen
von diesem Wirbelsturm

Nichts steht in meiner Macht
angesichts des Todes

Die Karwoche verbringe ich in einem offenen Kloster. Für die Karfreitagnacht bereitet die anwesende Kontemplationsgruppe ein Feuerritual vor. Alle Gäste können ein Holzscheit beschriften mit etwas, das verwandelt werden möge. In der Nacht wird im Freien ein Feuer entfacht und vom Priester gesegnet, dann legen die Einzelnen schweigend ihr Scheit hinein. Ich übergebe dem Feuer meinen so frischen Schmerz und meine Angst vor dem Unbekannten, das auf mich zukommt. Nachdem sich die Gruppe zurückgezogen hat, bleiben eine andere Frau und ich zu zweit da als Hüterinnen des Feuers, stundenlang, bis alle Brocken zu Glut geworden sind. Wandlung ist symbolisch vorweggenommen worden.

Wellen der Trauer und des Schmerzes, dich loslassen zu müssen und allein zurückzubleiben. Ich fühle mich verloren, muss mir selber die Richtung suchen, wohin, wie weiter, wo ich doch einfach stehen bleiben, mich hinlegen und liegen bleiben möchte.

Hinzu kommt der Schmerz, kein Kind mit dir gehabt zu haben, keine lebendige Linie, die weitergeht von uns beiden aus. Ein paar Wochen vor deinem Tod habe ich plötzliche Tränen darüber geweint, auf einem Spaziergang mit einer Freundin. Was bleibt? Die Angst, zu vergessen, was uns verband.

Was fehlt

Berührungen
Hautkontakt
Ihn riechen
Ihn lachen hören
Ihn sehen
Einfach er
Wie er ist
Nein: Wie er war

Der Alltag voller Leerstellen

Ich bin untröstlich

Ich schlafe den Schlaf einer Bewusstlosen
Jede Nacht falle ich in tiefes gnädiges Schwarz
das sich meiner erbarmt für Stunden

Wenn nur der Morgen nicht käme
und mich zurückholte
ins Unabänderliche

Das Stimmengewirr und Geschirrklappern
vom Nachbarsgarten
Brennende Einsamkeit
Was soll ich mit mir?

wie gut wärs
kein herz zu haben
wie die blumen des felds
zu erfrieren
ohne trauer

doch so
wenn ein lächeln schon quält
durch die geschlossenen lider
schon ein duft wehtut
des frühlings

JOSEF KOPF

Ich bin am Verzweifeln und schreibe meiner Meditationslehrerin zweimal, um sie um Rat zu fragen.

Liebe Elisa-Maria
Wie wissen, ob der tiefste Schmerz schon erreicht ist? Wann weitergehen? Oder im Wechsel von fallen-weitergehen-fallen-weitergehen-fallen irgendwann heil werden?
Marietta

Liebe Marietta
Lass mich mit Johannes vom Kreuz antworten aus seinem Gedicht „Der Weg nach Hause": „... dieses Wissen, das nicht weiß, alles Wissen übersteigend" – es stellt sich ein. Es ist willentlich nicht zu erreichen, und wenn die Sehnsucht es sucht, dann hadert das Ich so lange wegen dem Schmerz und der Unzumutbarkeit etc., und die Sehnsucht ist doch wieder bereit zum Fallen und sich lassen, bis der tiefste Schmerz tatsächlich Heilsein gebiert. Aber es ist tatsächlich mit Worten nicht einzufangen. Und es gibt Menschen, da stellt sich die Erfahrung des Heilseins sehr sanft und undramatisch ein. Doch solange etwas in uns nach oben strebt und das Heil in etwas wie Höhe sucht, gehört das Fallen und Stürzen mit zum Weg, zum Prozess dazu. Stellt sich diese Stille ein, die kein Oben und Unten kennt ... dann ist das auch eine Form von Heilsein.
Elisa-Maria

Liebe Elisa-Maria

Du hast doch viel Erfahrung mit Trauer, eigene und als Begleiterin. Es schüttelt mich sehr, und ich habe das Gefühl, es wird immer schwerer statt leichter (es sind nun drei Monate, seit Peter tot ist). Jeder Tag bringt neue Momente, wo ich erstmals etwas ohne ihn tue, sei es das Abendrot auf dem Balkon zu sehen, die ersten Erdbeeren zu essen. Es ist unglaublich hart. Ich weine, wo ich geh' und steh', und zuweilen möchte ich morgens gar nicht aufstehen. Und ich werde wütend auf glückliche Menschen und finde es gemein und überhaupt. All meine Energie geht in diese Gefühls-Berg-und-Tal-Bahn. Ist das normal? Ein Gutes hat es: Andere Menschen erfahren mich als schwach und unsouverän, das ist wohltuend. Gruß, Marietta

Liebe Marietta

Ja, es ist normal. Darüber hinaus bist du in der glücklichen Lage, eine Übung der Sammlung und Achtsamkeit kennengelernt zu haben. Schauen, was da geschieht. Hinhören, was da wirklich ist und was sich kreiert, wenn der Wind stürmisch in die Materie fährt. Wenn immer es dir einfällt, zurückkehren zum Atem, nur atmen und alles andere geschehen und ziehen lassen – ob auf dem Kissen oder irgendwo mitten im Alltag spielt keine Rolle.

Das Ich, was immer das ist, hat sich so entwickelt, dass es am Vertrauten und Bisherigen festhalten möchte. Alle Turbulenzen, alles Neue (egal welcher Qualität und Art) scheut es wie die Pest. Und das ist die eigentliche Turbulenz, in der du steckst. Lass zu, was dich plagt. Loslassen heißt im einen Fall: zulassen – einen Schrei, Tränen – etc. und in einem anderen Moment: die Kraft spüren, die in all dieser Bewegung drinsteckt und sie einfließen lassen in das, was du gerade tust – ohne Wertung, ohne Zensur. Auch das ist Teil des Weges – du bist weder schwach noch stark – du bist, was du gerade bist. Sei herzlich umarmt.
Elisa-Maria

E-Mailkontakte sind mir in Zeiten, wo der Tag-Nacht-Rhythmus außer Kraft ist, eine Brücke zur Außenwelt. Morgens um vier sitze ich am Computer und schreibe nach Irland, Sambia und in den Tschad. Die räumliche und zeitliche Distanz ermöglichen mir größere Offenheit und senken die Schwelle, Gefühle auszudrücken. Das nächtliche Schreiben ist ein Anschreiben gegen Trauer und Wut. Einer meiner Bekannten, ein Theologe, arbeitet in der Entwicklungszusammenarbeit. Ihm teile ich mit, wie sehr meine Welt aus den Fugen ist: Peters Krankheit und Tod, aber auch seine Außenbeziehungen Jahre zuvor, die er mir unmittelbar nach der Krebsdiagnose gestand, um Klarheit zu schaffen und um mich entscheiden zu lassen, ob ich den Weg weiter mit ihm gehen wollte. Damals steckte ich die Kränkung weg, da waren andere Prioritäten. Zudem hätte ich es auch kaum ertragen, das Bild des Traumpaars zu zertrümmern. Jetzt gestehe ich mir ein, wie sehr mich dieser Verrat verletzte. Und es tut mir gut, am Computer sitzend meinen ganzen Schmerz zu formulieren und über Tausende von Kilometern Distanz eine mitfühlende Antwort zu erhalten.

Leben in Fülle ist nicht nur nett und schön, sondern Leben in all seiner Vielfalt (...). Wen Gott liebt, den lässt er alles Menschenmögliche erleben – der wird nicht sterben, ohne das Lachen und die Tränen erlebt zu haben, die intensive Nähe zu einem anderen Menschen und die absolute Einsamkeit, Höhen und Tiefen. Wer von Gott geliebt wird, der kommt nicht unverletzt davon.

ANDREA SCHWARZ

Mein Körper ist am Verdursten, meine Haut am Verdorren. Wie oft haben wir uns berührt, tagsüber und in der Nacht: wohltuende, absichtslose, liebevolle Zärtlichkeiten. Hände halten, eine Wange berühren, über den Kopf und den Rücken streichen, kuscheln, umarmen. Wir haben so viel körperliche Nähe geteilt in den letzten Jahren, wie es sonst nur frisch Verliebte tun. Diese Kraftquelle ist versiegt.

Wenn der Schmerz morgens zu groß ist
und das aufrechte Sitzen nicht geht
stehe ich mit hoch ausgestreckten Armen
wachsend
hoffend
und lassend

Wenn das aufrechte Stehen nicht geht
kauere ich auf den Knien, den Kopf am Boden
mich beugend
den Rücken entspannend
weinend
mich krümmend unter der Last der Trauer

Wenn das Kauern nicht geht
liege ich hingestreckt auf dem Bauch
mich ergebend
loslassend
ausgeliefert
erschüttert
getragen
ins Bodenlose fallend

Ich bin gereizt, kompromisslos und direkt. Unvermittelt fahre ich Menschen an, Fremde und Freunde. Bei Gesprächen habe ich das Gefühl, die anderen vertrödelten ihre Lebenszeit mit Small Talk, dabei könnten sie morgen schon tot sein! Zudem führe ich Selbstgespräche und erkenne Bekannte nicht wieder. Meine Empathie ist weg. Ich bin weniger und weniger sozial verträglich. Es gibt nur noch mich in meinem Schmerz.

Am schlimmsten sind Essenseinladungen mit symmetrischer Tischordnung. Der leere Stuhl neben mir, der leere Platz neben meinem Gedeck treiben mir Tränen in die Augen. Es ist mir peinlich, dass mich solche Äußerlichkeiten aus der Fassung bringen, und doch kann ich nichts dagegen tun. Ich ertrage keine Paare. Sie führen mir vor Augen, wie halbiert ich mich fühle.

Nachts greife ich ins Leere
Deine Stimme wird leiser
Und dein Geruch verflüchtigt sich

Doch ich bleibe unbelehrbar

Abend für Abend erwarte ich dein Kommen
Der Tisch ist gedeckt
Das Mahl steht bereit

Alles was ich mit dir teilte
wurde reicher
Alles was du mit mir teiltest
wurde tiefer
Schweres wurde uns leichter
Leichtes wurde uns bunter
Und Buntes wurde zum Regenbogen

Mit wem soll ich das alles nun teilen?

Fünfzehn Jahre lang war mir mein Mann der vielseitigste, tiefgründigste und zugleich humorvollste Gesprächspartner, den ich mir wünschen konnte. Von Anfang an verstanden wir uns, wir redeten stundenlang, am Telefon und persönlich. Wir konnten unsere Erfahrungen austauschen, unsere Verbundenheit ausdrücken und Visionen entwickeln. Sein Zuspruch ermutigte mich. Seine Geschichten begeisterten mich. Seine Argumente forderten mich heraus, schärfer zu denken. Bei Spaziergängen erörterten wir Fragen aus unseren Berufsfeldern. Sein aufmerksames, respektvolles Zuhören ließ mich eigene Positionen aufweichen. Ja, öfters machten wir uns sogar einen Spaß daraus, die gegenseitige Position einzunehmen und die Argumente des andern zu verwenden. Wie habe ich sie geliebt, diese Gespräche mit ihm. Und wie vermisse ich sie.

Dein Tod
Geliebter
war bei weitem
das Schwerste nicht

schmerzlicher
um vieles
schwerer
bei weitem
Geliebter
ist die Zeit
des dich
Überlebens

GITTA DEUTSCH

Willst du nicht umziehen?

Was soll ich antworten auf diese Frage
Wo doch sonst kein Stein auf dem andern blieb
Wo ich all meine Kraft zum Überleben brauche
Wo ein paar vertraute Quadratmeter meine Rettung sind
und ich froh bin, wenn meine Schritte mich sicher
von der Küche ins Bad tragen

Umziehen?

Die Frage stürzt mich jedes Mal
in absolute Überforderung
und stumme Verzweiflung

Bald sechs Monate leben ohne Peter. Unzählige Momente ohne ihn. Eine harte Schule. Immer wieder überkommen mich Wellen von Schmerz über sein Nicht-mehr-da-Sein. Gewohnheiten, Alltagsrituale, die fehlen; Feinheiten wie ein Blick, ein Tonfall, eine vertraute Geste. Und dass ich mich bereits nicht mehr genau an sein Gesicht erinnern kann, wühlt mich auf. Er entweicht mir. Doch vielleicht ist es gut für seine Reise und für mein Loslassen? Es lässt mich die Essenz dessen, was er war und ist, im Innersten bewahren.

Auch wenn ich wüsste
was ich an Himmel und Hölle
erlebe mit ihm

Ich ginge mit Freuden zur Tür
um ihn einzulassen

Was hilft

Unsere Seele atmet dort auf,
wo wir den Raum haben,
so zu sein,
wie wir eben sind.

MARCO VON MÜNCHHAUSEN

Was hilft

Weinen
Spazieren
Die morgendliche Stillemeditation
Überhaupt Stille
In seinem T-Shirt schlafen
Aufstehen
Ihm eine Kerze anzünden
Weinen
Nachts per E-Mail mit der Welt kommunizieren
Seinen Namen aussprechen
Hören, wie andere seinen Namen aussprechen
Klassische Musik
Aufschauen zu den kreisenden Bussarden über mir
Fremde Katzen streicheln
Ayurvedische Ölmassage
Weinen
Kochen
Beileidskarten lesen
Gemeinsame Orte aufsuchen
Neue Orte aufsuchen
Kunst betrachten und vermitteln
Schreibtischarbeit
Überall Fotos von ihm aufhängen
Schwimmen im Fluss
Weinen
Kino
Haushalten
Das Gespräch mit Seelsorgenden
Weinen

Sauna
Poesie
Menschen, die mich jetzt aushalten
Frische Blumen in der Wohnung
Seine Lieblingssendung im Radio hören
Weinen
Sonnenstrahlen auf der Haut
Abends die Füße einölen
Spaghetti
Weinen
Seine Liebeszettelchen aufhängen
Stürmisches Wetter
Seine Sachen aufräumen
Weinen
Putzen
Mit ihm reden
Mit Freundinnen lachen
Seinem Foto zuprosten und auf sein Wohl trinken
Weinen
Neue Kleider
Weinen
Den Teddybären mit ins Bett nehmen
Weinen

Tränen haben Schöpferkräfte. Im Mythos werden Welten durch vergossene Tränen neu geschaffen. Wenn im Märchen Tränen fließen, treten Flüsse über ihre Ufer und überfluten verdorrtes Land. Wenn sie auf Wunden tropfen, heilen diese, und wenn sie auf blinde Augen fallen, erhalten sie ihre Sehkraft zurück. Die Träne betrauert und heilt zugleich.

MONIKA MÜLLER

Sitzen in Stille, Meditation, Kontemplation, Stillegebet. Verschiedene Begriffe, die im Kern dasselbe meinen: innehalten und täglich fünfzehn bis zwanzig Minuten aufrecht auf einem Kissen am Boden sitzen, die Gedanken ziehen lassen und leer werden. Keine Worte formulieren, keine Bilder festhalten, keine Bitten aussprechen. Mich auf den Atem konzentrieren. Einatmen, ausatmen. Und wenn die Gedanken zu rasen beginnen und Fragen und Ängste mich bedrängen, dann zähle ich die Atemzüge: *eins*-einatmen, *zwei*-ausatmen … und so weiter bis zehn, so lange, bis die Ruhe wieder einkehrt. Mich öffnen und mich einem größeren Ganzen hinhalten, hier und jetzt. *Dein Klang in mein Schweigen, Dein Wort in meine Stille.* Diese Auszeit im Alltag habe ich vor Jahren kennengelernt, und sie ist mir während Peters Krankheit zum täglichen Anker geworden. Und nach seinem Tod ist die Übung während vielen Wochen überhaupt der einzige Haltepunkt im Tag: aufstehen, um zu sitzen. Danach weitersehen. Die Übung hält die abgrundtiefe Verzweiflung in Schach, das Unglück nicht wenden zu können.

Momente der Gelassenheit nehmen zu, während des Sitzens und danach, auch wenn ich jeden Tag wieder bei Eins beginne. Durch diese tägliche Übung wächst mir eine Kraft zu, das anzunehmen, was unveränderbar ist. Was kann ich sonst tun?

Bin ich die Einzige, die den Toten vermisst? Jetzt suche ich Kontakt mit Menschen, mit denen Peter viel Zeit verbrachte, bei der Arbeit, im Nachdiplomstudium, andernorts. Sie verbinden mich mit ihm. Ich brauche das Wissen, dass er auch anderen fehlt im Alltag. Und ich bin dankbar um diese Kontakte, am Telefon, per E-Mail, persönlich. Sie bringen mir ein Stück seines Lebens zurück und helfen mir, die Ohnmacht auszuhalten, dass sich die Welt einfach weiterdreht, als ob nichts geschehen wäre. Dabei ist nichts mehr, wie es war. Gar nichts.

Gemeinsamkeiten mit Menschen zu teilen, das geht. Doch Trauer zu teilen ist viel schwieriger, ja es scheint mir fast unmöglich. Wenn auch viele um Peter trauern, so ist doch jede Trauer anders: die seiner Mutter, die seiner Kinder, die seiner Freunde und Kollegen, die meiner Familie, die seines jüngsten Patenkindes, die meinige: So verschieden die Beziehungen zu ihm waren, so anders ist die Trauer ob des Verlusts. Jede und Jeder ist damit allein.

Tag für Tag ein neuer Abschied. Ich habe Peters Handy abge-
meldet und auf meinen Namen übertragen, obwohl ich keins
brauche. So kann ich wenigstens sein Telefon bei mir tragen,
das er immer bei sich hatte. Es ans Ohr halten und mir vorstel-
len, er sei da.

Die Begegnung mit spirituell verankerten Menschen wird mir in diesen Zeiten wichtiger als je zuvor. Die Ordensschwestern im offenen Kloster, die Theologin mit Zen-Erfahrung, der Dalai Lama bei seinem Besuch in Zürich, der katholische Gemeindepfarrer: So verschieden diese Menschen sind, alle sind sie beseelt von Etwas, das größer ist als sie. Bei ihnen erfahre ich achtsames Dasein und tröstende Zuwendung. Die Kraft, die von ihnen ausgeht, wird aus einer anderen Quelle gespeist.

Im Gehen lernt der Mensch
Seiner Seele zuzuhören

GERNOT CANDOLINI

Wenn alles verspannt ist und ich am liebsten regungslos liegen bliebe: mich aufraffen, in Bewegung kommen. Am einfachsten ist es am Fluss entlang in Fließrichtung. Schwieriger, aber lohnender, den nächsten Hügel zu erklimmen, um den weiten Horizont zu sehen. Dann Bäume berühren und die raue Rinde in meinen Handflächen spüren. Steine auflesen und ihre glatt polierte Oberfläche streicheln. Den Wind im Gesicht haben. Tief atmen und die Lungen weiten. Den Kies unter den Schuhen knirschen hören. Gehen um des Gehens willen. Und unerwartet lichtet sich für Momente das Dickicht in mir.

Tue deinem Leib Gutes,
damit deine Seele Lust hat,
darin zu wohnen.

THERESA VON AVILA

Mein Körper ist erschöpft, vernachlässigt und bedürftig. Berührung fehlt mir, und ich suche im Internet nach einer Ayurveda-Masseurin. Die regelmäßige Massage bei Ashia Cecilia, die jeden Quadratzentimeter meiner Haut von Kopf bis Fuß sorgsam eingeölt, tut mir sehr gut. Rosenöl fürs Gesicht, Sesam- oder Kräuteröl für den ganzen Körper. Und die Berührungen versichern mir, es gibt mich noch. Mir ist, als ob sie jedes Mal das in die Einzelteile Zerfallende wieder zusammensetzt. Als ich sie frage, was ihr Name Ashia bedeutet, sagt sie *heavenly love*, himmlische Liebe.

Jeden Morgen wieder die Frage: Wie aufstehen heute? Wie der Welt begegnen? Wie eine Aufgabe überstehen? Zufällig stoße ich auf ein Set bunter kleiner Karten, die es in unterschiedlichen Ausführungen in Buchhandlungen zu kaufen gibt. Diese Engelkarten werden mir zur hilfreichen Stütze. Ein Set enthält etwa 50 Kärtchen. Auf jedem steht ein Wort, zum Beispiel Hingabe, Verantwortung, Mut. Wenn mich eine besondere Herausforderung erwartet, greife ich in die verdeckten Karten und wähle intuitiv eine aus.

Ich bin oft überrascht, wie passend die Karte ist und wievielmal ich in gewissen Zeiten dieselbe ziehe. Bin ich irritiert ob einem Begriff, schlage ich im Herkunftswörterbuch die ursprüngliche Bedeutung nach und erweitere das Wortfeld. Die Karte liegt jeweils im Badezimmer, und das Wort begleitet mich. Es wird mir zum Anker, wenn die Emotionen hochschlagen und mich überwältigen wollen. Dann kehre ich wieder zurück zu dem einen Wort, zu der einen Haltung. Das bündelt meine spärliche Aufmerksamkeit. Es genügt.

In einem Ratgeber für Trauernde lese ich eine Anregung, die die Aufmerksamkeit aufs Helle richten soll. Sie lautet: *Schreiben Sie alles auf, womit Sie gesegnet sind.* Ich übersetze es für mich in *beschenkt* und lasse den Gedanken widerwillig zu, dass es das Leben nicht nur schlecht mit mir meint.

Womit ich gesegnet bin:

mit Eltern, die mich so aushalten und mit mir schweigend in ihrem Garten sitzen
mit meiner Wohnung, wo von früh bis spät die Sonne hereinscheint
mit einer Bekannten, die auch verwitwet ist und mir zur Freundin wird. Sie weiß, wovon ich nicht sprechen kann
mit finanzieller Unterstützung
mit geistiger und körperlicher Beweglichkeit, die mir hilft, neue Schritte zu tun
mit der Erfahrung, getragen und gehalten zu sein
mit der Gewissheit, allein leben und für mich sorgen zu können
mit einem gesunden Appetit
mit Augen, die immer wieder das Schöne sehen, auch im Kleinen
mit Zeit für mich selber
mit meiner Ausbildung und Berufserfahrung
mit zwei erwachsenen Stiefkindern, die mit mir Erinnerungen an ihren Vater teilen
mit Freunden, die seinen Namen auszusprechen wagen

Ich bin froh, in den ersten Wochen nach Peters Tod keine Kurse leiten zu müssen, sondern Redaktionsarbeit für ein Museum machen zu können. Allein in meinem Büro sitzen und mit Texten beliefert werden; lesen, recherchieren, überarbeiten. Denkarbeit, die mich fordert und ablenkt. Über diese Arbeit finde ich wieder zurück in ein Stück Alltags- und Berufsleben. Und als ich dann einen Kurs für Lehrpersonen zur Kunstbetrachtung mit Jugendlichen vorzubereiten habe, wird mir dies im Chaos der Trauer unerwartet zum Geschenk.

Ich verbringe viel Zeit in Museen. Kunstwerke sind das Gegenteil des Chaos, sie sind bewusst gestaltet. Und sie sprechen tiefere Schichten unseres Wesens an. Mark Rothkos Farbfelder, Constantin Brancusis *Schlafende Muse*, Auguste Rodins *Märtyrerin*, Paul Klees *Blühender Garten*: Farben und Materialien in eine Form gebracht, in Marmor, Bronze oder Ölfarbe. Ein Sonnengelb, ein abgründiges Schwarz, ein leuchtendes Rot. Dazu Werktitel, die von existenziellen Erfahrungen sprechen: *Ein Fetzen Gemeinschaft. Dieser Stern lehrt beugen. Findet mich das Glück? You Will Go Somewhere Else.* Vor den Werken stehen, sie wirken lassen und spüren: Diesen Weg gehen wir alle; dieselben Erfahrungen, dieselben Fragen. Kunst stellt das im Grunde nicht Darstellbare dar. *Kunst ist das Sprechen von Geheimem durch Geheimes*, sagt Kandinsky. Die Schönheit und gleichzeitige Tiefgründigkeit von Kunstwerken tun mir gut.

Gehmeditation

Und immer wieder
Einkehr in der Stille

Mein persönliches Pilgerwandern
über die grünen Matten und Hügel
durch die Schlucht
von Kapelle zu Kapelle
im Regen
im Schneetreiben
bei Sonnenschein
allein auf weiter Flur

Immer wieder
dahin zurück
wo ich mich getragen fühle
wo mir die Kraft zuwächst
für die nächsten Schritte

Alles, was dir zustößt, geschieht zu deinem Wohl
und tut deiner Seele gut.

BLINDER KARTHÄUSERMÖNCH IM FILM ,DIE GROSSE STILLE‘*

Der dreistündige Dokumentarfilm über die schweigenden Mönche im französischen Karthäuserkloster *La Grande Chartreuse* beeindruckt mich sehr. Arbeiten, beten und schweigen, in Gemeinschaft und allein in der Zelle. Tag für Tag, sommers und winters; keine Besuche, keine Zerstreuung und kein Ehrgeiz, etwas verändern zu wollen. Annehmen, was ist und geschehen lassen, was geschehen soll. Das vermittelt mir der Film, insbesondere der alte blinde Mönch, der sich mit seinem Stock tastend vorwärtsbewegt von seiner Zelle zur Kapelle und wieder zurück. Und seine Aussage bleibt hängen, setzt sich in mir fest und löst Widerstand aus. Dass er das sagen kann: *Alles, was dir zustößt, geschieht zu deinem Wohl und tut deiner Seele gut.* Wie weiß er das? Er muss ein unerschütterliches Vertrauen haben. Das wünschte ich mir auch.

Einige Zeit später komme ich auf einer Winterwanderung an einer Tafel vorbei, auf der folgender Spruch steht:

Wechselnde Pfade
Schatten und Licht
Alles ist Gnade
Fürchte dich nicht

Wieder diese Zuversicht. Wieder diese Sicherheit, dass alles, was uns im Leben zustößt, zu unserem Besten sei. Eine Provokation angesichts des Leids auf der Welt und in mir drin. Und dann lese ich einen Text von Eugen Drewermann, der mich in aller Deutlichkeit darauf hinweist, dass wir eben nicht wissen, was gut für uns ist:

Immer noch glauben wir, Gott bestürmen zu müssen
mit unserer Not und unserem Leid,
immer im Wahn, im Grund zu wissen, was für uns gut ist,
wenn nur Gott es auch wüsste.
‚Gehorsam‘ zu werden, das heißt,
die eigenen Planungen fahren zu lassen
und wahr und durchsichtig zu werden
in der stillen Sammlung der Gegenwart Gottes.

Da erinnere ich mich an einen Satz, der mich seit Jahren begleitet: *Wozu das wohl gut ist?* Das Unglück kann ich schwerlich willkommen heißen; aber wenn ich die Offenheit bewahre trotz allen Zumutungen des Lebens, können überraschende Wendungen und Einsichten geschehen – mögen sie manchmal auch spät kommen.

Keinerlei Botschaft.
Sommer und Winter wechseln.
So sind die Dinge.

CHÖGYAM TRUNGPA RINPOCHE

Sich ergeben
Annehmen
Ohne Hoffnung
Ohne Furcht

Panta rhei

Nothing is permanent

Du steigst nicht zweimal in denselben Fluss

Der Satz von Heraklit und die beiden östlichen Weisheiten haben für mich alle dieselbe Bedeutung. Wandel ist das einzig Beständige. Nichts bleibt, jeder Moment geht unwiederbringlich vorbei und wird vom nächsten abgelöst. In meinem Leben habe ich bisher vor allem die guten Momente zu genießen versucht, im Bewusstsein der Vergänglichkeit. Doch nun tröstet mich das Wissen, dass nichts bleibt, gerade in Momenten der Verzweiflung. Auch sie müssen demnach vorbeigehen. Ich lasse mich hineinfallen in die Gefühle, tauche ein und gehe unter – und tatsächlich, es kommen andere Momente, leichtere, die mich wieder auftauchen lassen. *Nothing is permanent.* Der Satz wird mir zum tröstlichen Begleiter.

Ever tried?
Ever failed?
No matter
Try it again
Fail better

SAMUEL BECKETT*

Fail better, scheitere besser: ein ungewohnter Rat, wo wir doch Scheitern möglichst vermeiden wollen. Doch mir hilft dieser Satz. Immer wieder neu versuchen, immer wieder aufbrechen, ungeachtet der Einbrüche und Rückschläge. Es ist kein zielstrebiges Gehen, eher ein Vorantasten. Und nicht erwarten, dass ein Vorhaben gelingt. *Try it again. Fail better.* Ich übe Gelassenheit und Freundlichkeit mir selber gegenüber, im Versuchen und im Scheitern, immer und immer wieder.

Ich suche nicht – ich finde

Wenn alle Wege offen sind, wird das Finden zu einem heiligen Wagnis in Ungewissheit, welches nur jene aushalten und auf sich nehmen, die sich im Ungeborgenen geborgen wissen. Das Offensein für das Neue sowohl im Außen wie im Innen ist das Wesenhafte des lichtvollen Menschen.

PABLO PICASSO

Schatten und Einbrüche

Lassen Sie alle Gefühle zu,
auch die, die Sie sich sonst verbieten.
Alle Emotionen haben ihr Recht. ...

Wenn Sie sich mit Ihren Gefühlen aussöhnen,
können diese sich wandeln.
Dann wandelt sich der Schmerz in Liebe,
die Wut in Verstehen,
die Enttäuschung in Verzeihen.

ANSELM GRÜN

Wut, Schuldgefühle, Scham und die tiefe Angst, verlassen zu werden: Das sind Emotionen, die sich gemäß einem Handleser in meine Handflächen gegraben haben. Wut, dass ich verlassen worden bin. Angst, dass mir das wieder passiert. Schuldgefühle, nicht genug getan zu haben für meinen Partner, und Scham über diese für mich negativen Gefühle. All das kontaminiert meinen Schmerz; ich bin noch verstrickt mit dem Toten. Um den Tod des geliebten Menschen wirklich betrauern zu können und um eine neue Beziehung mit ihm entstehen zu lassen, werde ich mich diesen anderen, unangenehmen Gefühlen wohl oder übel stellen müssen. Erst darunter liegt die reine Trauer. Sie ist das Ziel.

Ja. Unter der Trauer lauert die Wut. Ich verbiete sie mir, sie gehört sich nicht einem Toten gegenüber. Und doch ist sie da, die Wut darüber, dass du mich verlassen hast, endgültig. Ich fühle mich wie ein Gepäckstück, das am Bahnhof abgestellt und vergessen wurde. Ich möchte schreien, Geschirr werfen, Mobiliar zertrümmern. Es müsste laut sein, um diese Wut dir gegenüber, aber auch dem Schicksal gegenüber auszudrücken.

Ich war vierzig, jugendlich und selbstbewusst, die Welt stand mir offen, als deine Diagnose einschlug. Nun bin ich um viel mehr gealtert als um die wirkliche Zeit. Ich fühle mich um einige meiner besten Jahre gebracht. Intensive, aber auch kräftezehrende Krankheitsjahre zwischen täglicher Hoffnung und nächtlichem Bangen, zwischen Zuversicht und Todesahnungen. Dein Körper verfiel zusehends, du wurdest kurzatmiger, ich passte mich an. Kein Tanzen mehr, kein Rausch mehr, kein Übermut und keine Ekstase – lauter Aspekte der Lebenslust, die mich mit dir verbunden hatten. Ich fügte mich ins Schicksal, mit einem Todkranken zu leben. Du wurdest achtsamer und offener, und wir beide lernten, die geschenkte gemeinsame Zeit bewusst zu genießen und Momente des Glücks zu schätzen.

Nachdem wir gerade in diesen Jahren so viel Nähe und Vertrautheit erlebten, so viel Innigkeit und Liebe, stirbst du mir einfach fort!?

Ich bin bedürftig. Nach Jahren, in denen es immer wieder ums Wohl und Weh von Peter ging, wage ich, mir meine Verletztheit einzugestehen. Da gelangt mir ein Flyer der Citykirche zur *Salbung der Wunden* in die Hände:

Ein Gottesdienst für alle, die körperlich leiden oder seelische Wunden in sich tragen. Mit einem großen litaneiartigen Klagegesang werden die Leiden vor Gott gebracht. Mehrere Priester sind anwesend, um Ihnen anschließend das Sakrament der Krankensalbung zu spenden und durch Handauflegung um Ihre Heilung zu beten.

An diesem Abend mitten in der Woche ist die Kirche voll. Junge, Alte, solche im Rollstuhl und andere, denen die Versehrungen nicht anzusehen sind. Das Ritual dauert über drei Stunden. Eine Person nach der anderen geht zu einem der Priester hin, bringt ihre Klage vor und empfängt die Salbung und Segnung. Endlich stehen für einmal meine Verletzungen im Mittelpunkt. Endlich werden meine Klagen angehört. Der Priester spendet mir die Krankensalbung, legt mir die Hand auf, bittet um meine Genesung und segnet mich mit diesen Worten:

Verzeihen können
Heil werden
Bestehen können

Fehler machen hat Peter mir vorgelebt
Fehler machen
sie erkennen
sie anerkennen
und dazu stehen
und nicht dabei vernichtet werden
sondern anders, neu wieder weitergehen

Leben heißt schuldig werden. Lebendig sein meint alle Aspekte des Menschseins. Mich hinstellen und mir dies eingestehen, auch für mich selbst. Mich annehmen als die, die ich bin.

Der Tanz mit dem eigenen Schatten
Ihn als Freund erkennen
Ihn anerkennen
Ihn akzeptieren
Ihn zu mir nehmen
anstatt ihn zu delegieren
an jemand anderen
der ihn für mich lebt

Ich träume intensiv. Es sind lauter Träume von Gefahr und Verwüstung: ein brennender Hang mit Feuer, das mich einkreist; bröckelnde Zähne; ich allein auf dem Dach eines Hochhauses, und die Leiter ist zu kurz; ein lebloser, blutender Körper; ein Fisch, dem das Genick gebrochen wurde, und niemand will es wahrhaben; ein tödlicher Kopfsprung in einen tiefen Schacht; ein Überfall auf nächtlicher Straße, der mein Vertrauen im Innersten erschüttert.

Von der Hand in den Mund
Dies meine Strategie
gegen die Hinterhältigkeit des Lebens
Ich lege keine Vorräte mehr an
Bei mir ist nichts mehr zu holen

Pläne schmieden? Unmöglich
In einem Monat? Weit weg
In einem Jahr? Unvorstellbar
Keine hochfliegenden Träume mehr
Keine Hoffungen noch Wünsche

Denn ich weiß
Das Damoklesschwert saust hernieder
sollte ich es wagen
mich wieder einzurichten im Glück

Vor dem Sterben habe ich keine Angst
aber vor dem Leben
Die Erkenntnis trifft mich unerwartet
Die Fallhöhe ist so hoch
wie die Freude groß
und die Liebe tief ist

Ich habe das Bedürfnis, mich mit anderen Trauernden auszutauschen. Zum Wochenende treffen sich fünf Frauen, vier davon sind jüngere kinderlose Witwen, eine wichtige Gemeinsamkeit. Sorgfältig geführt von der Leitung legen wir unsere Erfahrungen, Erinnerungen und Gefühle offen. Wir suchen nach Symbolen für den Partner und für das gemeinsam Gelebte. Wir malen Bilder und lesen Texte, und in den zwei Tagen füllt sich der Raum mit Fotos, Zeichnungen, Steinen, Lebensgeschichten. Schmerz bricht wieder auf und wird größer, da er Raum erhält. Zum Beispiel, als wir den Namen unseres Partners gestalten und etwas dazu sagen sollen. Peter, mein Fels, der starke Mann zum Anlehnen – zu Sand zerrieben, zu Asche zerstoben.

Doch der Schmerz lässt nach, der Austausch tut wohl, und die Aufmerksamkeit wird auch aufs Gute gelenkt. Wir schreiben einen Dankesbrief an den Toten. Wir schreiben einen Trostbrief an uns selber. Und zum Abschied erhalten wir eine Tulpenzwiebel als Zeichen für keimendes Leben im grauen November.

Die Schritte des Ersehnten —
wie fern sie sind
auf den gefallenen Blättern.

BUSON

Es geht mir schlechter und schlechter, acht Monate sind es nun her. Meine Reserven sind aufgebraucht. Die jahrelange Kräftebalance, das Stark- und Tapfersein und die Trauereinbrüche der vergangenen Monate haben mich zermürbt. Und durch seinen Tod fehlt mir zugleich meine tiefste Aufbauquelle im Alltag: sein Strahlen, seine Heiterkeit, seine Liebe, die er mir immer wieder zeigte und die Bestärkung, die von ihm ausging. Einmal mehr überfällt mich der Tiefschlag, das Bewusstsein, du bist allein. Ich mag nicht mehr.

hier halten wir an
sage ich dem kutscher

hier errichte ich ein zelt
und baue eine feuerstelle

aber weithin
weder wagen noch kutscher noch pferd

JOSEF KOPF

Meine Therapeutin stellt mir eine grundsätzliche Frage, und sie stellt sie unmissverständlich: Ob ich wirklich leben wolle, tief innen, oder sterben. Eine Entscheidung ist fällig. Wenn ich leben will, habe ich zu mir selber sorgsam zu sein und mir Sorge tragen zu lassen. Ich bin bedürftig. Eine Erkenntnis, die ich mir schwerlich eingestehen kann. Ich, die so gut und gern für andere schaut. Im Moment, wo ich es zulassen kann, breche ich ein. Der Entscheid, das Jahr mit einem dreiwöchigen Kuraufenthalt zu beenden, lässt mich aufatmen, nimmt mir die Angst vor der Advents- und Weihnachtszeit und entlastet mich von familiären Ansprüchen. Ich bin nicht verfügbar. Ich kann nicht.

Wandel

Zuletzt
wirst du auferstehen
aus der Klage.
Verwehen
wird dein banges Fragen
wie ein Nichts.

SABINE NÄGELI

In der Erholungskur erlebe ich erstmals eine vierhändige Massage. Ich liege nackt auf einem hölzernen Massagebrett, und zwei Frauen gießen gleichzeitig warmes Öl von den Füßen an aufwärts über meinen Körper und fahren mit kräftigen Händen dem Öl nach. Dieses erste Mal empfinde ich wie eine Totenwäsche. Die beiden Frauen vollziehen die letzte Waschung an mir, ich gebe mich hin und fühle mich ausgelöscht.

Nach der dreiwöchigen Kur, bei der letzten Synchronmassage, erlebe ich dasselbe Ritual ganz anders. Es ist, als ob mir die beiden Frauen ein neues Gewand anzögen, ein Ölgoldgewand. Es ist ein wunderschönes Gefühl und eine eindrückliche Veränderung meiner Körperwahrnehmung, die meinen inneren Zustand widerspiegelt.

Viele von Peters Sachen sind bereit zum Weggeben. Über Wochen und Monate habe ich eins ums andere, das von ihm in Wohnung und Keller war, durchgesehen und mir überlegt, was ich behalten und was weggeben möchte.

Noch am Abend seines Todes habe ich seine Toilettensachen entsorgt, zuallererst die Medikamente. Am nächsten Tag seine Schuhe zur Sammelstelle gebracht, da ich ihren Anblick vor der Tür nicht ertrug. Seine Papiere geordnet, gezwungenermaßen sehr bald und über Wochen. Sein Motorrad verkauft, als die Saison begann. Seine Militärpistole, die Munition und das Bajonett ins Zeughaus getragen. Die meisten seiner Kleider verschenkt. Seine Fotos durchgesehen, immer wieder. Seine Briefe an mich gelesen, als ich bereit dazu war. Zum Jahreswechsel seine CDs gehört und sein Büchergestell aussortiert.

Die Wohnung wirkt größer, die Leerstellen schmerzen. Doch ich bin auch befreit von Dingen, die mich bedrückten, wie etwa sein Lieblingssessel, der stets auf ihn zu warten schien. Vieles von ihm ist nach wie vor da, das ich zur Erinnerung brauche; in den Dingen sind Geschichten. Doch meine Umgebung verändert sich nach und nach.

Ich träume von einer Schwangerschaft. Ich bin ganz jung und mit meiner großen Schwester und meinem Schwager unterwegs. Wie ein Mädchen ohne Erfahrung frage ich meine Schwester zur Sicherheit (obschon ich es selber weiß): Bin ich jetzt schwanger? Ja, sagt sie. Und ich weiß, dass ich schon im fünften Monat bin. Ich kann es spüren und sehen. – Ein schöner Traum. Ich bin schwanger mit neuem Leben, mit neuer Lebendigkeit.

Ich durchlebe täglich alle Jahreszeiten. Es ist sehr anstrengend, doch es ist zum Aushalten. Ich führe mich spazieren, gehe zu einem Tanzkurs, und ich habe ein spannendes Arbeitsprojekt. Zudem stecke ich die geschenkte Tulpenzwiebel in einen Topf, obschon ich der Sache nicht ganz traue: Meine Zwiebel wird wahrscheinlich vertrocknen oder verfaulen, oder es wird sonst etwas geschehen, dass am Ende aus ihr keine Tulpe wird ... Die Zuversicht, die ich früher hatte, ist einer grundsätzlichen Verunsicherung gewichen.

Jahreswechsel. Dieses zu Ende gehende Jahr verabschiede ich mit Erleichterung. Was hinter mir ist, lasse ich da. Was kommt, dem schaue ich mit Hoffnung entgegen.

Im Zurückblicken Zärtlichkeit, im Vorausblicken auf das, was kommt, Kreativität.

Die beiden Engelkarten fürs vergangene und fürs neue Jahr.

Life is what happens to you while you are busy making other plans.

JOHN LENNON

Nachdem ich Silvester ruhig verbracht habe, packt mich Mitte Januar die Lust, diesen Jahreswechsel nachträglich zu feiern, denn es ist ein für mich besonderer Übergang. Nun kann ich zum Beispiel sagen: *Mein Mann ist letztes Jahr gestorben,* und der aufsteigende Schmerz ist nicht mehr ganz so nah. Der Einschnitt hilft, Vergangenes loszulassen, und verspricht neue Möglichkeiten. Darauf stoße ich an mit Freundinnen und Freunden.

Peter, du warst auch präsent bei meinem Feiern. Du führst mich zu neuer Lebendigkeit, dein Vermächtnis heißt: *Lebe!* Du, der du so gern sehr alt geworden wärst, ermunterst mich über deinen Tod hinaus zu neuen Schritten. Ich erinnere mich, wie ich mich nach unserer Hochzeit überraschend frei fühlte, mich Neuem zuzuwenden, da unsere Beziehung verbindlich war. Nun geht es mir ein wenig ähnlich. Unsere Liebe trägt mich, und unsere gemeinsamen Jahre geben mir den Boden, auszuschreiten und weiterzugehen. Wenn ich dich auch jeden Tag vermisse, so weiß ich doch, du bist bei mir.

Der sich nähernde erste Jahrestag seines Todes macht mir Angst. Falle ich erneut ins Bodenlose? Verliere ich die kaum gewonnene Fassung wieder? Beginnt alles von vorn? Ich bin dankbar für das Gespräch mit dem Priester und für seine Bestärkung, dass an diesem Tag alles möglich ist und ich entscheiden kann, wie ich ihn begehen möchte. Umgehen kann ich ihn nicht.

Die Engelkarte, die ich für die verbleibende Zeit bis zum Todestag ziehe, ist *Freude.* Vorerst Staunen und Verunsicherung. Kann das sein? Darf das sein? Das Herkunftswörterbuch verweist auf die Bedeutungen *froh sein, bewegt sein, lebendig sein.* Freude in diesem Sinn ist passend und trägt mich über diese Wochen.

Einen Tag vorher höre ich beim Anstehen im Supermarkt das Lied *I can see clearly now* aus dem Lautsprecher. Letztmals hatte ich es am Tag nach Peters Tod am Radio gehört, als mich die Frage umtrieb, was nun mit ihm war und welche Abschiedsform für ihn gut wäre. Zum ersten Todestag verschicke ich einen Text an Verwandte und Bekannte. Eine Gedenkfeier und ein Abendessen mit lieben Menschen sind Momente des Andenkens. Ich bin erleichtert.

(…)
Dir zum Gedächtnis dann
Mein wiegendes Sommergras
Dir zum Dank
Meine blutende Rose
Dir zur Ehre
Mein fliegendes Abendrot
Dir zuliebe
Meine Tränen.

Denn es gab eine Zeit
Da ich dich nicht kannte
Es gibt eine Zeit,
Da du nicht mehr bei mir bist
Diese sind nicht zu verwechseln.
(…)
Fährfrau mit dem runden Hut
Hast du ihn gesehen?
Ja, sagt die Fährfrau.
Hirte mit dem toten Lamm
Hast du ihn gesehen?
Ja, sagt der Hirte.
Bergmann mit dem weißen Licht
Hast du ihn gesehen?
Ja, sagt der Bergmann.

Welchen Weges ging er, Fährfrau?
Übers Wasser trocknen Fußes.
Welchen Weges ging er, Hirte?
Berghinüber leichten Atems.
Welchen Weges ging er, Bergmann?
In der Erde lag er still.
Was stand auf seinem Gesicht geschrieben?
Frieden, sagten alle. Frieden.

MARIE LUISE KASCHNITZ

Ein Jahr ohne dich
Überstanden
Durchlebt
Durchlitten
Und in guter Begleitung
gestützt worden
Und gewachsen

Ich lebe noch
Wer hätte das gedacht

Gartenlabyrinthe hatten für mich bisher stets etwas Unangenehmes. Verschlungene Wege gehen zu müssen und nicht zu wissen, ob und über welche Umwege ich je zum Ziel komme, das hielt mich bisher davon ab, mich überhaupt tiefer hinein zu begeben. Nun bin ich erstmals ganz durch ein Labyrinth gegangen, und es war eine gute Erfahrung. Jeder Schritt zeigte mir neue Pflanzen am Weg, Käfer, Hummeln, Schmetterlinge; ich roch immer wieder andere Düfte, hatte andere Ein- und Ausblicke; mal ging es aufwärts, mal abwärts, mit unerwarteten Richtungswechseln. Ich hörte das Plätschern des Brunnens in der Mitte, aber der Weg führte mich wieder von ihm weg – und plötzlich, ganz überraschend, war ich am Ziel. Die Überwindung hat sich gelohnt. Es kommt einzig aufs Gehen an, Schritt für Schritt.

Viele Monate nach seinem Tod spreche ich noch mit ihm, jeden Tag und überall. Der erste Satz gilt ihm beim Erwachen, der letzte ihm vor dem Einschlafen. Mit der Zeit realisiere ich, dass ich nicht mehr so oft mit ihm direkt kommuniziere. Stattdessen denke ich in der dritten Person an ihn, als Abwesenden. Und manchmal vergeht ein ganzer Tag, ohne dass ich überhaupt an ihn denke. Dann meldet sich das schlechte Gewissen: Vergesse ich ihn mit der Zeit ganz?

Ich möchte Sie so gut ich es kann, bitten, Geduld zu haben gegen alles Ungelöste in Ihrem Herzen und zu versuchen, die Fragen selbst *lieb zu haben wie verschlossene Stuben und wie Bücher, die in einer sehr fremden Sprache geschrieben sind. Forschen Sie jetzt nicht nach den* Antworten, *die Ihnen nicht gegeben werden können, weil Sie sie nicht leben könnten. Und es handelt sich darum, alles zu* leben. *Leben Sie jetzt die Fragen. Vielleicht leben Sie dann allmählich, ohne es zu merken, eines fernen Tages in die Antwort hinein.*

RAINER MARIA RILKE

Vergebung steht am Ende der Wut und nicht am Anfang, sagt Anselm Grün.

Die Vergangenheit loslassen heißt aber auch, die Erinnerung an die Verletzungen loslassen, die immer wieder auftauchen und mich mit Schmerz und Bitterkeit erfüllen. Irgendwann muss ich mich auch von den Verletzungen verabschieden und darf sie nicht als Vorwand benutzen, dass ich heute nicht richtig zu leben vermag.

ANSELM GRÜN

Ich gehe einige Zeit in eine Psychodrama-Gruppe, wo persönliche Themen auf die Bühne gebracht und im Rollenspiel neue Reaktionen erprobt werden können. Hier inszeniere ich die Situation nochmals, als Peter mir nach der Krebsdiagnose seine Untreue bekannte. Ich bitte einen Stellvertreter für ihn auf die Bühne und artikuliere ihm gegenüber meine unterdrückte Verletzung und Wut. Der Stellvertreter ist präsent in seiner Rolle und nimmt es an. Nach dem Rollenspiel spüre ich, wie gut das Aussprechen und Gehörtwerden getan hat. Tote tragen uns nichts nach!

Die negativen Emotionen lösen sich nach und nach auf. Die Verbundenheit bleibt.

älter geworden
am blühen der erde
komm ich zu dir

an einem tag im herbst
hoch wandern die gestirne
traumlos

in einer nacht
steinern brennt mir
die flöte am mund

ich habe die worte verloren
die sprache vergessen
die rede verlernt

älter geworden
am blühen der erde
liebe ich dich

JOSEF KOPF

Nach Allerheiligen gehe ich wieder einmal zum Baumgrab auf dem Hügel. An allen anderen Orten war mir Peter stets viel näher als hier, und mir war stets schwer ums Herz an diesem Ort, wo seine Asche in der Erde liegt. Heute ist es anders. Ich stehe da, und mir wird leicht. Ich fühle mich frei, und ich fühle, dass er frei ist.

Heute habe ich nichts gemacht.
Aber viele Dinge geschahen in mir.

Vögel, die es nicht gibt,
fanden ihr Nest.
Schatten, die womöglich da sind,
erreichten ihre Körper.
Wörter, die existieren,
erlangten ihre Stille wieder.

Nichts zu tun,
rettet manchmal das Gleichgewicht der Welt,
indem es erreicht, dass auch etwas Gewicht hat
auf der leeren Schale der Waage.

ROBERTO JUARROZ

Der zweite Todestag naht. Eine Freundin schreibt mir: *Spür jetzt schon, wo du bist und was du brauchst. Jetzt, drei Wochen vorher und dann am Tag selbst. Und trau dich, es zu tun.* Ich verbringe ein Schweige- und Meditationswochenende, wo ich aufgehoben bin, wo Tränen sein dürfen, ohne dass sie erklärt werden müssen, und wo ich in der Stunde, in der Peter starb, eine wunderbare Fußmassage erhalte.

Aufbruch ins Leben

Kommt her zum Rand, sagte er.
Sie sagten: Wir haben Angst.
Kommt her zum Rand, sagte er.
Sie kamen.
Er schubste sie – und sie flogen.

GUILLAUME APPOLLINAIRE

Heute habe ich vieles gemacht

Als Erstes habe ich Abschied genommen von Illusionen
Dann aufgeräumt mit falschen Hoffnungen
Danach Träume betrauert, die nie wahr würden

Dadurch geschah Klarheit in mir
Ich habe den Kopf und das Herz frei

für anderes
das ansteht
und darauf wartet
getan zu werden

Eine kreativ-gestalterische Sitzung in der Fasnachtszeit zum Thema Schattenseiten. Das sogenannt Dunkle und Hässliche in mir meldet sich. Ich nehme die Maskerade als Möglichkeit, verborgene Seiten zu zeigen. Mit Heilerde und Wasser rühre ich dickflüssigen Lehm an. Ich knete ihn, lasse ihn zwischen den Fingern durchquellen und beginne spontan, Arme, Gesicht und Hals mit dem Lehm zu bestreichen. Dann bearbeite ich die Haare damit, und das Gemisch türmt sich hoch auf meinem Kopf. Im Spiegel blickt mir unvermittelt Medusa entgegen, das Haar eine Schlangenbrut, das Gesicht lehmgrün, die Augen gerötet. – Medusa, die einst wunderschöne Tochter der Erdmutter Gaia, hatte sich verführen lassen und war dafür bestraft worden, indem ihre Haare zu Schlangen wurden und ihr Gesicht so hässlich, dass jeder, der es erblickte, zu Stein erstarrte. Die junge Frau verlor ihren Geliebten, die Schmerzerfahrung veränderte sie innerlich und äußerlich. – Diese Medusa sehe ich im Spiegel, schaurig, wild, aber auch stark. Langsam trocknet der Lehm ein, und die Maske zerspringt in meinem Gesicht und an den Händen. Ich fühle mich wie vor der Häutung. Innen ist bereits vieles neu, außen noch nicht.

Am nächsten Tag lasse ich mir die Haare kurz schneiden. Ich fühle mich leicht. Mein Blick ist frei.

Ja sagen zu meinem Licht und Schatten
Zu meiner Lebendigkeit und Vergänglichkeit
Zu meiner Stärke und Schwäche
Zu meinem Schönen und Verwüsteten
Zu meinem Guten und Bösen

Ich schlammgeborene Medusa
Hässliches Schlangenweib
Und schöne Geliebte
Eine wie die andere
Alle sind Eins

Mut
mich zu zeigen, wie ich bin
Risiko einzugehen
meine Power zu leben
zu vertrauen
Verantwortung zu nehmen
zur Freiheit

Wir machen Trittsteine aus unseren toten Ichheiten.

KEN WILBER

Mein Berufsprofil ist veränderungsbedürftig. Längere Zeit arbeitete ich vor allem in der Lehrerbildung. Als Kunsthistorikerin fehlt mir jedoch die professionelle Beschäftigung mit Kunst zunehmend. Das Schöne möchte mehr Raum. Ich werde aktiv, und es bietet sich mir die Chance, regelmäßig am Kunsthaus zu arbeiten. Ich liebe es, Gruppen durch Ausstellungen zu führen und Kunstgespräche zu leiten. Zur Vorbereitung durch die Säle zu streifen und mich ins Leben und Werk eines Künstlers zu vertiefen. Menschen zum genauen Betrachten anzuregen und dabei selber immer wieder Neues zu sehen. Und wenn am Ende eine Teilnehmerin zu mir kommt und sagt, *Ich bin ganz erfrischt* oder ein Teilnehmer *Jetzt sind mir die Augen aufgegangen*, dann bin ich rundum glücklich.

Ich bin siebenundvierzig, verwitwet, kinderlos und vogelfrei. Ich habe nichts zu verlieren. Wenn mir zu Hause das Dach über dem Kopf einzustürzen droht, probiere ich Neues aus. Die Anonymität der Stadt ermöglicht vieles. Mich unter Menschen mischen und schauen, wie es wäre, eine andere zu sein. Einiges erweist sich als Reinfall, anderes eröffnet mir neue Horizonte:

Ein Salsakurs
Portugiesisch an der Uni mit Zwanzigjährigen
mit dem Fahrrad in die Disco
ein Kuschelabend mit lauter fremden Menschen
offenes Singen am Sonntag
River Rafting
ins Stadttheater mit einem siebzigjährigen Begleiter
in den Ferien allein im großen Speisesaal sitzen
Gratiskonzerte an der Musikhochschule
mehrstündige Gebirgstouren
die erste Gruppenreise meines Lebens
Internetchats mit Männern, alle *attraktiv und erfolgreich*

Mache dich auf
Meine Freundin, meine Schöne, und komm!
Denn sieh nur:
Der Winter ist vorbei.
Die Blumen zeigen sich im Lande
Die Zeit des Singens ist gekommen.

HOHESLIED SALOMOS

Ich sehne mich danach, wieder als Frau wahrgenommen zu werden. Zugleich habe ich Angst davor, nach fünfzehn Jahren Partnerschaft und intensiver Trauerzeit. Ich sammle zärtliche Momente und Berührungen wie Brosamen. Hier eine warme Hand, da eine Umarmung. Ich nehme wieder Kontakt auf zu Männern, die ich von früher kenne, im naiven Wunsch, bei der Vertrautheit anknüpfen zu können, die einmal war: ein Blick, eine Stimme, ein Geruch, ein Körper. Durch die Begegnungen kehrt etwas von meiner Lebendigkeit und Weiblichkeit zurück. Doch lange hält es nicht an. Ich fühle mich eher wie Strandgut, zufällig ans Ufer gespült, aufgehoben und wieder zurückgelassen. Ich realisiere, dass ich gar nicht offen bin. Peter ist nach wie vor meine große Liebe.

Auch das

Ratlosigkeit ist gut.
Verlieren ist gut.
Versäumnis ist gut.
Verkehrte Wege wählen ist gut.
Nicht weiter wissen ist gut.
Sich leer fühlen ist gut.
Auch das ist ein volles Leben.

WALTER HELMUT FRITZ

Diese Zeilen helfen mir in Momenten, wo ich unerwartet einbreche, wo ich auf der Stelle trete, wo ich nicht wage, Pläne zu schmieden, aus Angst vor Rückschlägen. Es ist tröstlich, dass auch das zum Leben gehört.

Es ist schwer, allein zu sein, auch nach zwei, bald drei Jahren. Die Lücke bleibt. Es gibt drei Gruppen von Menschen, die mich unterschiedlich fordern. Jene, die mir nahestehen, kennen meine Situation. Bei Bekannten, die von Peters Tod wissen, denen ich aber nur selten begegne, werde ich befangen, sie auch. Wo anknüpfen im Gespräch? Wie den Klippen ausweichen? Solche Begegnungen vermeide ich wenn möglich. Die dritte Gruppe sind Menschen, die ich neu kennenlerne. Mit ihnen ist es einfacher. Da kann ich so viel oder so wenig von mir zeigen, wie ich möchte.

Am schwersten sind die Feiertage ohne Partner. Der Geburtstag unseres gemeinsamen Patenkindes. Ostern, Auffahrt und Pfingsten, wo wir hin und wieder auf Kurzurlaub fuhren. Unser Hochzeitstag. Vor allem aber Weihnachten, für das ich erst mit Peter eine angemessene Form fand. An diesen Tagen halte ich die Familienidylle nicht aus, falsche Idylle schon gar nicht. Wo gehe ich jetzt hin in meinem Schmerz? Allein zu Hause? Freunde? Alle haben ihre Rituale, und ich wage niemanden zu fragen, weil ich ein Nein nicht ertrüge. Irgendwie gehen auch diese Tage vorbei.

Do I Ever Cross Your Mind

Do I ever cross your mind
Darlin' do you ever see
Some situation somewhere, somehow
Triggers your memory
And do you ever wonder
What became of all the time
And darlin' do I ever, ever cross your mind

(...)

Do I ever cross your mind
Uninvited when you're lonely
Or does that only, only happen to me
And don't you ever wonder
What became of all the time
And darlin' do I ever, ever cross your mind
And darlin' do I ever, ever cross your mind

RAY CHARLES & BONNIE RAITT*

Geh ich dir je durch den Sinn, Liebster, oder geschieht das nur mir? Diese Frage taucht immer wieder auf, besonders in Momenten, wo ich mein Unglück oder mein Glück teilen möchte, weil es zu groß scheint für mich allein. Dann schaue ich hinauf zum Himmel und breite all mein Unglück oder Glück vor dir aus. Und manchmal meine ich zu hören, wie du mir dieselbe Frage stellst: *Do I ever cross your mind?* Frag nicht. Du weißt, für mich ist kein Tag ohne dich. Jeder einzelne ist dir gewidmet.

In dieser Welt,
Gäbe es jemanden
Mit verwandtem Geist –
Wir könnten plaudern,
die ganze Nacht hindurch,
In meiner kleinen Hütte.

MEISTER RYOKAN

Sterben, Tod und Trauer bleiben wichtig für mich. Abschiedlich leben hat nichts mit Todessehnsucht zu tun, im Gegenteil. Die Vergänglichkeit zu bedenken, macht das Leben intensiver, der Augenblick wird wesentlich, denn er ist so flüchtig. Und das Trauern um Verlorenes ist notwendig, um aus der Erstarrung zu kommen. Das habe ich erfahren, und das möchte ich anderen weitergeben. Ich engagiere mich bei einer Tagung zur Thematik und leite eine Gesprächsgruppe für Trauernde. Die Teilnehmenden sind dankbar für solche geschützten Räume, und mein Mitgefühl für sie kommt aus tiefstem Herzen. Für mich persönlich sind diese Treffen zusätzliche Schritte auf meinem Trauerweg. Bereits weiter weg vom Zentrum des Schmerzes, sehe ich den Tod meines Partners immer wieder aus einem anderen Blickwinkel. Und ich anerkenne, was erst durch seinen Tod möglich wurde an persönlicher Entwicklung und Reifung.

Das Licht, das nach dem Schatten kommt, ist heller als das Licht,
das vor dem Schatten war.

KLAUS-DIETER PLATSCH

Es wird tatsächlich heller durch den scharfen Kontrast. Mit der Erfahrung des Todes verändert sich der Blick aufs Leben. Ich nehme es heute viel mehr als Geschenk wahr als vorher. Ich bin nachsichtiger geworden gegenüber Gebrechlichkeit, aber auch misstrauischer gegenüber schönem Schein. Ich bin offen für Sinnfragen und kompromissloser bei Lebenslügen. Ich fühle mich spirituell gestärkt, und ich bin da, wenn mich jemand braucht. Ich habe mich im Vorübergehenden eingerichtet. Manchmal bin ich sogar dankbar für genau dieses Leben. Loslassen – im Kleinen und im Großen – übe ich jeden Tag neu.

So
Fertig getrauert
Leben, jetzt!

Sei was du bist
Gib was du hast
Nimm was sich schenkt
Lass los was dich hindert
Lebe dein Leben
Lebe es ganz

Mein Schlafzimmer war jahrelang kein Ort der Sinnlichkeit mehr gewesen. Das soll anders werden. Mein Bett ist neu. Das Zimmer geräumt und gereinigt, die schönen Dinge mit Rosenwasser gewaschen. Ein antikes Regal, Kerzen, duftendes Räucherwerk. Pflanzen. Neue Satinbettwäsche in leuchtendem Orange und Violett. Schöne Bücher, alles für mich. Dann Besuch, versuchsweise. Mein Schlafzimmer ist neu energetisiert.

Unsere Eheringe liegen seit bald drei Jahren im Schrank. Ich hatte meinen breiten Silber-Gold-Ring sehr gern, und zum Beginn des neuen Jahres möchte ich ihn wieder als Alltagsring tragen. Der Schmuckgestalter integriert einen Teil von Peters Ring in meinen, zudem lasse ich eine neue Gravur einprägen. Es ist der Satz ... *and dance your life* aus einem irischen Gedicht, das mich seit längerer Zeit begleitet:

The glory of God
is the human person fully alive.
So, when you enter in fully
and awaken all the dimensions of your heart
and live out of the robustness of the divine difference
that is in you
and dance your life
then you are really on sacred ground.

JOHN O'DONOHUE, THE DIVINE IMAGINATION*

Mein Zeithorizont wird weiter. Es tauchen Ideen und Wünsche auf: Welche Arbeitsprojekte fürs kommende Jahr? Umziehen aufs Land? Eine Safari? Die Wüste sehen? Eine Kunstreise nach Bilbao, London, New York? Was ich entscheide und was umsetze, ist vorerst zweitrangig. Wichtig ist, dass ich wieder Perspektiven entwickle und zu träumen wage. Mein Leben geht weiter, auch wenn es ganz anders kommt.

Werde selbst zum Sonnenaufgang,
dann werden, wohin du gehst,
die Wege günstig sein,
dann werden, wohin du gehst,
die Orte im Osten liegen,
die Osten werden in die Westen sich verlieben.

DSCHELALADDIN RUMI

Der Tod ist mir unerhört nahegekommen. Er hat mich in meinen Grundfesten erschüttert und alles, was war, auf den Kopf gestellt. Doch eins hat er mich gelehrt: Das Leben in seiner ganzen Fülle zu nehmen, bevor es zu spät ist.

Ich setzte den Fuß in die Luft
und sie trug

HILDE DOMIN*

Nachwort

Ich setzte den Fuss in die Luft / und sie trug. Dieser Satz von Hilde Domin machte mich zuversichtlich, und vier Jahre nach dem Tod meines Mannes beschloss ich umzuziehen. Wohnungssuche, Räumung der alten Wohnung und Aufbruch in ein neues Zuhause. Doch was folgte, waren vier Umzüge innert drei Jahren, von einem Provisorium ins nächste: eine Frauen-WG auf dem Land, zu Gast bei meinem neuen Partner in einem Vorort, eine Stadtwohnung für mich allein, wo ich nur zwei Mal übernachtete und nach einem Zusammenbruch das Weite suchte. Alles war unpassend, alles war falsch. Der blosse Anblick von Umzugskartons löste eine Krise aus, die tiefer wurzelte und mehr umfasste als die Wohnform.

Ich hatte keinen Boden und keine Heimat mehr. Die seit Jahren knappen Reserven waren aufgebraucht, die Perspektiven unklar, mein Leben noch immer im Übergang. Es ging darum, wirklich zu mir zu kommen, persönlich und vor allem auch beruflich. Schon nach dem Tod meines Mannes hatte ich meine Arbeit neu ausgerichtet und die Kunstvermittlung ins Zentrum gestellt. Doch auch hier hatten Rückschläge Fragen aufgeworfen: Wo kann ich mich entfalten und meine Ideen realisieren? Mit wem möchte ich arbeiten, und in welcher Form?

This is your life. Do what you love. And do it often. If you don't like something, change it.

Diese Sätze aus dem *Holstee Manifest* inspirierten mich. Ich nahm ein Coaching in Anspruch für den Reflexionsprozess, der mir wesentliche Erkenntnisse brachte. Als Freischaffende hatte ich viele Jahre allein im *home office* gearbeitet und war zunehmend in Isolation geraten. Was ich brauchte, war nicht wieder eine Wohnung mit integriertem Arbeitsraum, sondern einen externen Büroarbeitsplatz mit sozialem Austausch und Struktur. Zudem war grössere Sichtbarkeit mit einem eigenen Webauftritt gefragt. Die Mitgestaltung der Website war eine kreative Phase, in der sich mein Berufsprofil akzentuierte. Und die neue Homepage wurde mir – *nomen est omen* – zum beruflichen Daheim. Sie zeigt den Boden, auf dem ich stehe. Hier wird meine Vielfalt sichtbar. Hier schreibe ich über Kunst, hier lade ich Menschen zu Führungen ein, zu Vorträgen, zur Betrachtung, zum Gespräch. Menschen zur Kunst zu bringen und dabei Schönheit mit Sinnfragen zu verbinden, ist mein Anliegen. Denn Kunst öffnet Augen und Herzen und erweitert den Blick auf die Welt. Durch diesen Prozess – angestossen durch die missglückte Zügelei – gelangte ich zu einem erneuerten Selbstverständnis als Berufsfrau und realisierte einmal mehr, wie wichtig es ist, mit mir selber achtsam zu sein. Die *Work-Life-Balance* ist mehr als ein Schlagwort. Die Balance zu halten zwischen geben und nehmen, sich verausgaben und auftanken ist wichtig, gerade in psychisch anspruchsvollen Lebensphasen rund um Abschied, Trauer und Wandlung.

Und was ist mit der Vergänglichkeit alles Irdischen? Kann man mit dem Tod einen Umgang finden? Ich glaube Ja, obwohl jeder Verlust neu schmerzt. Beim Abschied von meinem Vater, drei Jahre nach dem Tod meines Mannes: Trauer um sein Wegsein. Dankbarkeit für sein Gutes. Und loslassen können, was schwer war. Gegenwärtig die Begleitung der Mutter in ihrer letzten Lebensphase: Ihre Ängste, die im Raum stehen, ansprechen. Dableiben beim Menschen und bei den Fragen, wenn es um den Tod geht, statt abzulenken, beschwichtigen, beschönigen, auch wenn es selber weh tut. Jedes Mal ein Lied singen zum Abschied (vielleicht ist es das letzte). Hilde Domin sagt es treffend:

Jeder der geht / belehrt uns ein wenig / über uns selber.
Kostbarster Unterricht / an den Sterbebetten / (...)

Dieser *Unterricht* konfrontiert uns mit uns selbst und fragt nach dem, was wirklich wichtig ist. Der Satz *Verschiebe nicht auf morgen, was du heute kannst besorgen* hat für mich eine neue Bedeutung gewonnen. Präsent sein für das, was ansteht im Augenblick, für Menschen und Situationen – für schwierige und für schöne. Eine geplante Arbeit kann dafür auch einmal liegen bleiben. Nicht zuletzt in der Kunst begegnet mir die *Vanitas* (lateinisch für die Vergänglichkeit alles Irdischen). Künstler stellten Leben und Sterben dar mit Früchteschalen und Sanduhren, mit Blumenbouquets und Totenschädeln. Solche Werke laden zum Nachdenken ein und erinnern uns an das, was uns alle angeht: unsere Endlichkeit. Auch als Referentin für Sterbe- und Trauerbegleitung ermutige ich die Teilnehmenden, offen und sensibel zu sein für diese Übergänge, bei sich selber und bei anderen Menschen.

Und welchen Raum nimmt heute mein toter Ehemann ein im Alltag, den ich mit meinem jetzigen Lebenspartner teile? Es gibt viele Tage, an denen ich nicht (mehr) an ihn denke. Und es gibt Tage, wo ich bestimmte Wesenszüge vermisse und gern über ihn rede. Es gibt Momente, wo ich voll Dankbarkeit bin ob dem, was er mir an Wachstum und Reichtum ermöglichte und solche, wo ich mich an seine Schwächen erinnere. Hin und wieder gehe ich zum Grab im Wald, vor allem in Umbruchzeiten. Und wenn ich alte, gebrechliche Menschen sehe, gibt es Augenblicke, in denen ich erleichtert bin, nicht mit einem Mann zu leben, der auf die Siebzig zuginge… Zuweilen steigen neben meinem neuen Begleiter Idealbilder des alten auf. Manchmal verwechsle ich ihre Namen, worüber ich anfangs erschrak und was mich beschämte; heute weniger. Denn beide sind mir wichtig, beide sind mir nah. Es geht darum, Bilder und Erwartungen loszulassen (was einige Übung erfordert) und zu geniessen, was ist. Das Leben ist eine Einladung, sich dem Überraschenden immer wieder zuzuwenden, in der Liebe, in der Arbeit, in allem, was sich zeigt. Hier, jetzt, heute.

The past is beyond recovery
The future is not to see
The presence is at hand
Sanctify it.

Indisch

Textnachweise

Guillaume Appollinaire, nach: Susan Hayward, Das kleine Buch der Weisheiten, Delphi bei Droemer Knaur 1997, 177

Buson, in: Haiku. Japanische Gedichte, hg. von Dietrich Krusche, Dtv 1994, 80

Gernot Candolini, Im Labyrinth sich selbst entdecken, Herder 2001, 27

Gitta Deutsch, An einem Tag im Februar. Gedichte, Aigner Verlag, Salzburg 1988 (AV-Edition Band 9)

Walter Helmut Fritz, „Auch das" in WERKZEUGE DER FREI-HEIT, Gedichte – Copyright © 1983 by Hoffmann und Campe Verlag, Hamburg

Anselm Grün, „Lassen Sie alle Gefühle zu…" aus: Anselm Grün, Gehalten in Zeiten der Trauer ©Kreuz Verlag, Stuttgart 2004, Auszug aus „Der zweite Schritt"

Anselm Grün, Der Anspruch des Schweigens, Vier-Türme-Verlag, Münsterschwarzach 2003, 60

Roberto Juarroz, Dreizehnte Vertikale Poesie. Gedichte, 70 © 1997 Residenz Verlag, Salzburg –Wien

Marie-Luise Kaschnitz, Requiem, aus: Marie-Luise Kaschnitz: Überall nie © 1965 Claassen Verlag in der Ullstein Buchverlage GmbH, Berlin

josef kopf, dem kalten sternwind offen. gedichte 1954–1977, Zollikofer Fachverlag AG St. Gallen 1977, 13, 188, 45

Monika Müller, Dem Sterben Leben geben. Die Begleitung sterbender und trauernder Menschen als spiritueller Weg, Gütersloher Verlagshaus 2006, 101

Sabine Nägeli, Die Nacht ist voller Sterne, Herder 122007, 96

Klaus Dieter Platsch, Tod und Sterben – ein Geschmack der Ewigkeit, Edition Windschnur 2003, 197

Rainer Maria Rilke, Brief an F. X. Kappus, in: Mechtild Voss-Eiser, Noch einmal sprechen von der Wärme des Lebens …, Herder 82006, 167

Dschelaladdin Rumi, in: Hafis, Rumi, Omar Chajjam: Die schönsten Gedichte aus dem klassischen Persien, Verlag C. H. Beck 1998, 43-44

Meister Ryokan, Alle Dinge sind im Herzen. Poetische Zen-
Weisheiten, Herder 2006, 109

Andrea Schwarz, in: Möge das Glück dich begleiten. Worte, die
durchs Leben tragen, Herder 2005, 93

Shunryu Suzuki, „Bevor wir geboren wurden …" aus: Shunryu Suzuki, Zen-Geist Anfänger-Geist©Theseus Verlag, Berlin / Stuttgart 1975, S. 108 –109

Marco von Münchhausen,Wo die Seele auftankt. Die besten Möglichkeiten, Ihre Ressourcen zu aktivieren, Goldmann 2006, 271

Ken Wilber, Mut und Gnade. In einer Krankheit zum Tode bewährt
sich eine grosse Liebe – das Leben und Sterben der Treya Wilber,
Scherz 1992

Endnoten

* S. 10 Das Werk ist in ähnlicher Form abgebildet im folgenden
Ausstellungskatalog: Wolfgang Laib, Retrospektive im Haus der
Kunst München, Hatje Canz Verlag 2002, 105; siehe auch 107.

* S. 15 Hothouse Flowers, (Quelle Internet). Das Stück stammt von
Johnny Nash und wurde von zahlreichen anderen Musikern ge-
spielt, so auch von Jimmy Cliff.

* S. 65 Philip Gröning, Die grosse Stille, Dokumentarfilm 2005. Der
Filmemacher lebte einige Zeit mit den Mönchen im Kloster, in
welchem absolutes Schweigegebot herrscht.Er erhielt erst über
zehn Jahre nach seiner ersten Anfrage eine Dreherlaubnis für den
Film.

* S. 69 Satz von Samuel Beckett an einem Kunstwerk am Bau in
Zürich, o. Quellenangabe.

* S.115 Ray Charles, Genius Loves Company Album, 2004

* S.121 John O'Donohue,The Divine Imagination.Wisdom from the
Celtic World, Audio Cassette 1997. Der Autor liest seine eigenen
Texte, die durchdrungen sind von tiefer Verehrung der Schöp-
fung.

*S.125 Hilde Domin, Inschrift, die sie nach dem Tod ihres Mannes
in den gemeinsamen Grabstein auf dem Heidelberger Bergfried-
hof eingravieren liess.

*Wir danken allen Rechteinhabern, die für diesen Band Abdruck-
genehmigungen erteilten.Wo Rechteinhaber nicht ausfindig gemacht werden konnten, bleiben Honoraransprüche bestehen.*